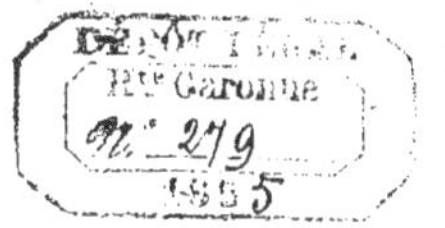

ACTE PUBLIC

POUR

LA LICENCE.

TOULOUSE,

Imprimerie **BAYRET** et C.ie, rue Peyras, 12.

MEIS ET AMICIS.

FACULTÉ DE DROIT DE TOULOUSE.

ACTE PUBLIC

POUR

LA LICENCE,

SOUTENU EN EXÉCUTION DE L'ARTICLE 4, TITRE 2, DE LA LOI DU 22 VENTÔSE AN XII,

Par M. CAMBON LA VALETTE (Pierre-Alexandre-Jules).

NÉ A CASTRES (TARN).

JUS ROMANUM.

DE MUTUO.

(Instit. Lib. 3. Tit. XIV. Princ. Gaius. C. III. § 90. Pandect. Lib. 12. Tit. I. Cod. Lib. IV. Tit. I et II.)

Quatuor modis apud Romanos contractus agebantur : aut re, aut verbis, aut litteris, aut consensu. Inter contractus re perfectos mutuum est. Contractus illi perfici re dicuntur, in quibus præter consensum qui in omnibus contractibus exigitur, traditio rei requiritur. Cùm dans in accipientis capite datarum rerum proprietatem transfert, tunc mutuum existit; dùm hæc tamen translatio non jure sit gratuito, nam tunc non mutuum, donatio solùm esset.

Olìm cùm nexu, per æs et libram contrahebatur obligatio traditione sola mutuum perfectum non erat; et quamvis res mutuæ datæ nec mancipi fuissent feré omnes, solemnitatibus antiquis tamen opus erat. Vero cùm in desuetudinem formalites abiere, consensus et traditio juris actionem procreaverunt.

Vicissim dissertabimur :

1° De rebus quæ dari per mutuum possunt;
2° De jure accipienti translato;
3° De accipientis obligatio nibus;
4° De actionibus quæ ex mutuo oriuntur;
5° De personarum capacitate.

§ 1er. — *De rebus quæ dari per mutuum possunt.*

Res quæ ità dari possunt sunt quæ primo usu, naturà ipsà consumuntur. « Mutui datio in iis rebus consistit quæ pondere, numero, mensuráve constant, veluti vino, oleo, frumento, pecunia numerata, ære, argento, auro ut Tribonianus ait (1). » Et adhuc ut Gaius « in his fere rebus contingit quæ pondere, numero, mensurà constant; qualis est pecunia numerata, vinum; oleum, frumentum, æs, argentum, aurum (2). »

Res quæ naturaliter consumuntur, veluti vinum, oleum, frumentum, certe ab initio solæ in mutuum dabantur. Deinde in recentioribus temporibus pecunia, aurum, argentum datæ sunt. Et hoc quidem natura rerum videtur : à permutationibus homines incipere; olìm non *aliud* merx, aliud pretium

---

(1) Inst. lib. 3, tit. **xiv**. — (2) Gaius. 1. 3, § 90.

vocabatur. Utilibus inutilia quisque permutabat. Tardiùs solùm pro majore facilitate pretium commune rerum institutum est.

Cui in mutuum dat non eadem res in specie (nam tunc commodatum esset, aut depositum aut pignus) sed eadem res in genere ab accipiente reddi debet. Si quoque aliud genus reddebatur, veluti ut pro tritico vinum, non esset mutuum. Aliæ ergo ejusdem tamen naturæ reddendæ sunt. Inde sequitur mutuum in his solum posse consistere rebus quæ functionem recipiunt per solutionem ; nam in cœteris rebus aliud pro alio invito creditori solvi non potest.

Opportet tamen adspicere res naturâ suâ quæ usu facile consumendæ sunt dari posse et quoque non contrahi mutuum; veluti si quis ad pompam et ostentationem quasdam res petiit et stipulaverit easdem in specie se redditurum.

§ 2. — *De jure accipienti translato.*

Datarum rerum proprietatem accipiens acquirit per traditionem et dantis intentionem. «Quas res aut numerando, aut metiendo, aut adpendendo, in hoc damus, ut accipientium fiant (1). » Hic effectus in contractûs naturâ positum est. Inde sequitur accipientem uti vel abuti rebus omnimodò posse. Res domino perit : itaque res accipienti perit, detrimentum omne sustinebit et erga dantem omnibus actionibus quæ ex eo contractu nascuntur, tenebitur.

Secundùm romanæ legis dictionem sic mutuum appellatum est quia à me tibi datur ut ex *meo tuum* fiat. Et ideò sinon fit tuum non nascitur obligatio (2).

Ab initiò et in verâ verbi significatione *mutuum* contractum non designabat, sed res datas : dabatur mutuum ; et *datio mutui* contractûs designatio erat ; sed in recentiori tempore contractum *mutuum* designavit.

§ 3. — *De accipientis obligationibus.*

Qui mutuas res accepit, ab usu necesse eas consumit. Easdem itaque non

---

(1) Inst. lib. 3 tit. 14. — (2) Dig. lib. 12. tit. 1. § 2. ff. Paul.

reddere sed alias ejusdem naturæ et quantitatis debet, et ità, quamvis de
ea restitutione non stipulatum fuerit. Cùm quid mutuum dederimus, et
si (1) non cavimus, *ut æquè bonum nobis redderetur* non licet deteriorem rem
debitori, quæ ex eodem genere sit, reddere, veluti vinum novum pro ve-
tere ; *nam in contrahendo quod agitur pro cauto habendum est.* Id autem agi
intelligitur, ut ejusdem generis et eædem bonitatis, solvatur qua datum sit.

§ 4. — *De actionibus quæ ex mutuo oriuntur.*

Ex mutuo speciales non nascuntur actiones ; sic, directa vel contraria
actio mutui non erat. Generalis actio mutuo attribuitur et hæc actio condictio vocatur : « Si certum petetur, ex mutui datione, condictionem dabo. »
Certum est, cujus species vel quantitas , quæ in obligatione versatur, aut
nomine suo, aut ea demonstratione quæ nominis vice fungitur qualis quan-
taque sit ostenditur (2). In mutuo res certa apparet, cùm dans, accipientem obligatum esse ait : proprietatem rerum talis qualitatis, talis ponderis,
talis numeri, mensuræve sibi transferre.

Condictio est stricti juris actio, quâ civilem unamque obligationem per-
sequimur, ad proprietatem pecuniæ certæ vel certæ rei transferendam.

In personam est actio : quâ intendimus alium aliquid facere vel dare
opportere. — Obligatio quæ de mutuo nascitur re venit et in eo consistit
ut acceptum reddamus. Usuras ergo, novam rem, auctum rei datæ, non
continet ; et si partes usuras deberi volunt, stipulatione opus est, Tùnc non
ex mutui actione usuræ debentur sed ex causa aliena, ex debitoris stipulatione. Casus sunt tamen in quibus vel ex litigantium pactis, vel ex tes-
tamentariis dispositionibus vel ex lege usuræ debentur.

§ 5. — *De personarum capacitate.*

In accipientis capite rerum proprietas transmittitur. Indè sequitur necesse
dantem res in proprietate habere et alienare posse. Sic : « Socius propriam
pecuniam mutuam dedit, omnimodo creditam pecuniam facit, licet cæteri

---

(1) **Dig.** lib. 12. tit. 1. 3. ff. Pompon. — (2) **Dig.** l. 12. t. 1. 6. ff. **Paul.**

dissenserint; si communem numeravit non aliàs creditam efficit, nisi cæteri quoque consentiant; quia suæ partis tantùm alienationem habuit (1). »

Quid in hoc casu evenit? Alienam rem socius mutuam dedit : nemo plus juris dare potest quam ipse habet. Inde : proprietatem transferre nequit, nec obligatio à mutuo venit.

Socii actionem adversus socium personalem habent et etiam adversùs eum qui accepit, si mala fide consumpsit res.

Secundùm senatus consultum Macedonium sine patris familias consensu, rem filii-familias mutuam recipere non possunt. Creditoribus enim omnis denegatur actio. Sed tamen si quis filium familias, patrem familias esse credidit, quia publicè pater familias plerisque videbatur, quia sic agebat, cessabit senatus consultum.

Si pupillus sine tutoris auctoritate mutuum dat, rerum proprietatem non transfert et à mutuo actio nasci non potest. Qui accepit detinet solum res quas dam pupilli.

Si res non consumptæ sunt, et in natura exstant, res pupillus vindicare potest : qua actione intendit res suas dare opportere.

Si res bona fide sunt consumptæ, habet condictionem ad ejusdem qualitatis et quantitatis rerum proprietatem acquirendam.

Si mala fide, actionem ad exhibendum habet.

Si pupillo quis mutuum solvit, pupillus sine tutore credita non extinguere potest, sed acquirendi potens, sine tutore, proprietatem acquirit solutæ rei. Vindicare non potest qui solvit. Sed ut nemo ære alieno locupletior fieri potest, qui se liberavit exceptionem doli habebit, ad omne ex quo utilitatem percepit pupillus.

Femina vero alienare potest sine tutore auctore res nec mancipi. Ideoque si quando mutuam pecuniam alicui sine tutore auctore femina dederit, quia facit eam accipientis, dum ea pecunia res nec mancipi sit, contrahit obligationem.

Fur accipientis res facere nequit, et si tibi credendi animo dedit, consumptis rebus nascitur condictio.

---

(1) Dig. 12. 1. 16. ff. Paul.

CODE NAPOLÉON.

DE LA MINORITÉ. — DE LA TUTELLE.

(Tit. ix. Art. 450 a 475.)

Le développement complet des facultés morales, de la capacité intellec-
tuelle, ne s'opère chez l'homme qu'après un plus ou moins grand nombre
d'années. Jusqu'à cette époque, il se trouve dans un état qui ne lui permet
pas de se gouverner lui-même. Frappé dès l'origine d'une incapacité com-
plète, cette incapacité ne disparaît que lentement et nécessite l'intervention
de personnes raisonnables et expérimentées, pour le défendre et le protéger
d'abord, et dans la suite, pour bien diriger ses forces et imprimer une
bonne direction à ses passions naissantes. L'homme enfant et l'homme ado-
lescent éprouvent donc le besoin d'avoir à leur côté un gardien capable de
les protéger et de leur servir de guide. La nature, du reste, a pris soin de
placer ces guides auprès de lui, et le père et la mère de l'enfant savent,
mieux que personne, s'acquitter des devoirs qui leur sont confiés. Mais ces
protecteurs naturels peuvent venir à manquer et l'enfant se trouver ainsi
sans secours et sans protection; de là, l'institution des tuteurs, qui, selon
l'âge des pupilles, ont à remplir des devoirs plus ou moins étendus.

La tutelle peut être définie: le pouvoir donné par la loi à un individu
pour défendre celui à qui la faiblesse de son âge ne permet pas de se défendre lui-même.

Nous n'avons pas à nous occuper ici des différentes classes de tuteurs, ni
des différentes espèces de tutelle; nous devons rechercher la nature des

actes qui constituent l'administration du tuteur, quant à la personne et quant aux biens du pupille, et voir quelle garantie ce dernier trouve dans la reddition des comptes de la tutelle, formalité essentielle en cette matière. Nous allons voir successivement quels actes font la matière de l'administration des tuteurs, et puis le compte que le tuteur doit rendre de sa gestion.

SECTION PREMIÈRE.

DE L'ADMINISTRATION DU TUTEUR.

L'administration du tuteur s'étend sur la personne et sur les biens du pupille. Voyons d'abord ce qui concerne la personne.

§ 1er De l'administration de la personne.

Sur cette partie essentielle de l'administration du tuteur, le Code ne trace pas de règle bien positive ; néanmoins, on peut réunir les pouvoirs du tuteur en quelques points principaux.

Le tuteur est tenu de donner à l'éducation et à l'entretien du pupille tous les soins d'un bon père. Néanmoins, on ne doit pas donner à cette proposition un sens trop général. Dans tous les cas, d'abord, le tuteur est placé sur ce point sous la direction du conseil de famille. En second lieu, il serait contre nature d'accorder au tuteur le droit d'éducation et de garde, lorsque le père ou la mère sont encore vivants et qu'ils ne sont d'ailleurs frappés d'aucune incapacité. La mère conserve ce droit, quoique ayant refusé la tutelle, et même au cas de l'art. 195. Il en est de même du droit de correction, qui n'est qu'un corollaire du droit d'éducation. Mais à défaut du père et mère de l'enfant, ce droit ne passe pas aux autres ascendants en cette seule qualité. Cette idée résulte de l'esprit général de la loi, et plus particulièrement des art. 477 et 478 qui, à défaut des père et mère du pupille, donnent, non pas au tuteur mais au conseil de famille, le droit d'émanciper l'enfant. Or, le droit d'émanciper l'enfant est une conséquence du droit d'éducation. Il résulte certainement de là, que la loi n'eut pas voulu accorder à d'autres que le père et la mère, un droit dont elle ne leur laisserait pas la jouissance à d'autres qu'à eux-mêmes.

Si le droit de garder et de diriger l'enfant est un attribut ordinaire et régulier de la qualité de tuteur, il n'en est pas néanmoins *essentiel*, puisque, dans certains cas, il peut lui être complètement enlevé (art. 468).

Dès lors on doit décider que, si l'intérêt du pupille l'exige, le conseil de famille auquel le tuteur est soumis, soit pour les diverses sommes à employer pour l'éducation du pupille (art. 454), soit pour l'exercice complet du droit d'éducation (art. 468), peut enlever au tuteur ce droit d'une manière absolue, pour en investir une autre personne dont le choix serait plus avantageux au pupille.

Ce n'est donc qu'à défaut des père et mère, et lorsque le conseil de famille ne le lui a pas enlevé, que le tuteur possède le droit d'éducation du pupille. Il doit, dans ce cas, lui faire apprendre un métier ou une profession, suivant la mesure de ses diverses facultés.

L'art. 468 détermine l'étendue de son pouvoir de correction.

Le tuteur doit représenter la personne du pupille dans les actes civils ; mais cette représentation rentre dans l'administration des biens. Ces actes sont passés dans le nom du tuteur sans le concours du mineur. Mais il y a certains actes où le mineur comparaît seul, par exemple, à l'acte de son mariage après avoir obtenu l'autorisation de son conseil de famille, et encore en justice, lorsqu'il est appelé en témoignage.

§ 2. De l'administration des biens du mineur.

1° *Entrée du tuteur en fonctions.* — Avant d'entrer en fonctions, le tuteur légitime ou testamentaire doit faire convoquer le conseil de famille, pour la nomination du subrogé-tuteur, ainsi qu'il est dit à l'art. 421 de notre titre. Les devoirs du tuteur à son entrée en fonctions, varient suivant les circonstances. Si le tuteur entrant est le premier tuteur de l'enfant, il est tenu d'abord de requérir au plutôt l'apposition des scellés sur tous les objets de la succession échue au mineur ; et au cas où ils auraient été apposés, de les faire lever dans les dix jours à compter de celui où a commencé sa responsabilité.

Immédiatement après, il doit faire procéder, en présence du subrogé-tuteur ou de son fondé de pouvoir spécial, à l'inventaire des biens composant le patrimoine du mineur. L'inventaire est le fondement du compte que le tuteur devra rendre dans la suite. « C'est au moyen de la levée des scellés et de l'inventaire qui doit la suivre immédiatement, que le tuteur reçoit de la justice les biens qu'il doit administrer et dont il doit rendre compte (1). »

On s'est demandé si le tuteur peut être dispensé, par la personne qui transmet les biens à l'enfant, de l'obligation de faire inventaire des biens qu'elle laisse au pupille ? On a soutenu les deux opinions.

D'un côté, en effet, l'on prétend que le tuteur ne peut jamais être dispensé de l'obligation de dresser inventaire; que cet inventaire est d'intérêt général, enfin, que c'est une mesure indispensable pour servir de base au compte que le tuteur doit rendre de sa gestion. Malgré ces raisons, nous n'hésitons pas à adopter l'affirmative. Le raisonnement que nous venons de citer serait, en effet, parfaitement vrai, si l'inventaire était le seul moyen de donner au compte de tutelle une base certaine. Mais l'art. 470 accorde aux conseils de famille la faculté d'exiger des tuteurs, des états de situation de leur gestion. C'est en présence de ce moyen, qui conduira au même résultat que l'inventaire, que nous n'hésitons pas à croire que le tuteur pourra, par la volonté du défunt, être dispensé de dresser un inventaire ; mais le conseil de famille, dans ce cas, devra toujours exiger un état de la gestion du tuteur.

Nous supposons que le testateur peut disposer de tous ses biens; car, au cas où il aurait des héritiers réservataires, ces derniers pourraient toujours exiger un inventaire, afin de s'assurer que le testateur n'a pas dépassé la quotité disponible.

Mais qu'arrivera-t-il au cas où le tuteur, obligé de dresser l'inventaire de la succession, ne se sera pas conformé à cette obligation ? Dans ce cas, on doit appliquer les principes généraux en matière de preuve. Le mineur ou ses représentants, seront autorisés à prouver contre le tuteur la valeur des

---

(1) Toullier, 2. 1191.

choses qui auraient dû être inventoriées, soit par les titres quelconques qu'ils auraient pu se procurer, soit même par la commune renommée.

Le tuteur qui a quelque créance contre son pupille, doit la déclarer dans l'inventaire, sous peine de déchéance. Cette disposition de la loi peut paraître un peu sévère au premier abord ; mais on la trouve moins rigide, en faisant attention à ceci : c'est que cette déclaration ne doit être faite que sur l'interpellation du notaire rédacteur. Et alors, si le tuteur ne fait pas sa déclaration, il ne peut s'en prendre qu'à lui-même de la déchéance qu'il a encourue. Si le notaire négligeait de faire cette interpellation et d'en faire mention dans le procès-verbal, ce serait lui qui aurait commis la faute, et il serait responsable des dommages envers le mineur.

La loi n'accorde, en général, qu'un délai de dix jours pour faire lever les scellés et commencer l'inventaire ; il est cependant un cas où ce délai s'étendra à trois mois : c'est le cas où le tuteur est le survivant des père ou mère mariés en communauté. Alors, le cas de l'article 1442 dominera celui de l'article 451, et la sanction du défaut d'inventaire sera celle de l'art. 1442, c'est à dire la privation de l'usufruit légal.

Enfin, dans le mois qui suit la clôture de l'inventaire, le tuteur doit faire vendre, en présence du subrogé-tuteur, aux enchères reçues par un officier public, les meubles du mineur, sous peine de répondre de leur dépréciation ou de tout autre dommage.

Cette règle n'est pas cependant sans exception. Ainsi, le conseil de famille peut autoriser le tuteur à conserver en nature soit une partie, soit la totalité des meubles. Les père ou mère survivants, tant qu'ils ont la jouissance légale des biens du mineur, sont encore dispensés de faire vendre les meubles. Ils peuvent les garder en nature (art. 453), à charge de les faire estimer, à leurs frais et à juste valeur, par un expert nommé par le subrogé-tuteur, assermenté devant le juge de paix, et de rendre à la fin de l'usufruit, la valeur estimative de ceux qu'ils ne pourront représenter en nature. Enfin, il n'y a pas lieu de vendre les meubles, dans le cas où le défunt en aurait ordonné la conservation en nature. Les principes généraux qui régissent les dispositions à cause de mort, valident suffisamment une pareille décision.

Mais si le tuteur qui entre en gestion, vient comme remplaçant d'un tuteur excusé, destitué ou décédé (pourvu toutefois que le mineur n'en hérite pas), les devoirs de ce tuteur se bornent à recevoir le compte du tuteur précédent, en présence du subrogé-tuteur. La base du compte qu'il devra rendre lui-même, se trouve dans le compte qui lui est ainsi présenté , car il lui fait connaître exactement le patrimoine de l'enfant.

Si, au contraire, le mineur a hérité de son tuteur, le nouveau tuteur doit se conformer tout ensemble, aux obligations qui naissent au cas précédent et aussi au cas où le tuteur est le premier tuteur de l'enfant. Les meubles doivent être vendus, l'inventaire doit être dressé , et il doit encore recevoir le compte du tuteur décédé. Toutes ces formalités, en effet, sont indispensables pour faire connaître la situation véritable du patrimoine de l'enfant.

Le tuteur est tenu de se conformer, dans tous les cas (qu'il s'agisse d'un premier tuteur, ou d'un tuteur subséquent, à moins que le tuteur ne soit usufruitier légal), aux instructions que le conseil de famille est appelé à lui donner.

Ces instructions, que le conseil de famille peut et doit changer suivant les circonstances, doivent avoir pour objet : 1° le règlement par aperçu et selon l'importance du patrimoine du mineur, de la somme à laquelle pourront s'élever annuellement sa dépense personnelle et les frais de l'administration de ses biens (art. 454); 2° la décision de la question de savoir si le tuteur sera ou non autorisé à s'aider, dans sa gestion , d'un ou de plusieurs administrateurs particuliers, gérant sous sa responsabilité (art. 454); 3° la fixation de la somme à laquelle commencera pour le tuteur l'obligation d'employer l'excédant des revenus sur la dépense. Cette somme une fois réunie, le tuteur est tenu d'en faire l'emploi dans les six mois, sinon il en doit personnellement les intérêts, à moins d'excuse valable (art. 455). Lorsque le tuteur n'a pas fait déterminer par le conseil de famille la somme à laquelle commencera l'emploi, il doit personnellement les intérêts de toutes sommes, même les plus modiques, qu'il n'aurait pas utilement placées dans les six mois à compter du jour de leur rentrée. « Tout administrateur qui est en même temps débiteur (1), doit chaque année porter en compte les sommes

----

(1) Toullier, 2. 1247-1248.

qu'il doit et qui se trouvent ainsi capitalisées. Ces intérêts entrent dans l'excédant des revenus sur la dépense; cet excédant doit être employé, l'intérêt
en est dû faute d'emploi. Il en résulte un compte par échelle, dont la pro-
gression rapide et effrayante doit avertir les tuteurs d'être fort exacts à faire
déterminer la somme à laquelle commencera pour eux l'obligation de collo-
quer. » Il en serait de même du tuteur qui, débiteur de son pupille, n'aurait
pas mis en caisse les sommes dues, à partir du jour de l'échéance. Ainsi,
dans ce cas, quoiqu'il s'agisse d'une dette prescriptible contre le mineur (s'il
s'agissait, par exemple, d'une prescription de moins de dix ans), le tuteur
débiteur ne pourrait jamais véritablement la prescrire. En effet, comme tuteur, il avait été obligé d'interrompre la prescription avant qu'elle fût accom-
plie, et il devra, à titre de dommages-intérêts, tout ce qu'il aurait pu prescrire contre le mineur. De plus, la créance primitive qui pouvait être sim-
plement chirographaire deviendrait hypothécaire, car l'hypothèque légale du
mineur garantit toutes les créances que la gestion fait naître en faveur du
pupille.

Le conseil de famille peut encore donner au tuteur des instructions qui
traceront le mode de l'éducation du mineur, et au besoin des règles générales
sur l'administration de ses biens (art. 454).

Le conseil de famille n'est pas autorisé à donner les diverses instructions
dont nous venons de parler, au père ou à la mère; car, usufruitiers légaux
des biens de l'enfant, le père et la mère ne doivent pas être assujettis à des
instructions qui n'ont pour objet définitif que les revenus dont la jouissance
leur appartient. Dans ce cas, en effet, le tuteur a la libre disposition des
revenus, et les instructions du conseil de famille ne pourraient le contraindre
en aucune manière.

Encore si l'ascendant, dont a hérité le mineur, a tracé des règles pour
l'administration des biens qu'il a laissés, les instructions du conseil de famille ne sauraient leur porter atteinte.

2° *Devoirs du tuteur en ce qui concerne le patrimoine du pupille.*—**Le tuteur**
est chargé d'administrer le patrimoine du mineur et de le représenter,
comme mandataire légal, dans tous les actes où il peut être intéressé. A cet
égard, la loi ne lui prescrit, en général, d'autre règle de conduite que celle
d'administrer en honnête homme et en bon père de famille (art. 450).

Ainsi, il doit prendre toutes les mesures nécessaires pour conserver, entretenir, exploiter le patrimoine du pupille; donner ses immeubles à bail; éteindre les dettes et autres charges; poursuivre la rentrée des créances; interrompre les prescriptions commencées; renouveler et prendre les inscriptions hypothécaires, etc.

On peut diviser en plusieurs classes les actes du tuteur. Le tuteur peut 1° faire certains actes de sa propre autorité, et les actes généraux que nous venons d'énumérer rentrent dans cette première classe. Il est en 2me lieu des actes que le tuteur ne peut faire qu'avec l'autorisation du conseil de famille. Il en est 3° d'autres pour lesquels cette autorisation doit être accompagnée de certaines formalités; et en 4me lieu, il en est qui lui sont interdits.

Première classe. Les baux que le tuteur consent, rentrent dans les actes généraux que nous avons énumérés déjà, et qui sont ceux que le tuteur peut faire en vertu de son autorité propre. Pour les baux, néanmoins, le tuteur ne peut les consentir pour une durée supérieure à neuf ans; les baux, pour les maisons, ne peuvent être renouvelés plus de deux ans d'avance, et plus de trois ans pour les immeubles ruraux. Ceux qui seraient faits pour plus de neuf ans, ou qui seraient renouvelés plus de deux ou trois ans d'avance, pourraient être annulés. Le tuteur pourrait en demander l'annulation, au nom de son pupille, sauf à être tenu en son nom personnel des dommages-intérêts. Si le bail fait pour une durée supérieure à neuf ans, est une fois commencé, le pupille sera tenu de l'exécuter pour la période de neuf ans dans laquelle on se trouve (art. 1718).

L'autorisation du conseil n'est pas non plus nécessaire, quand la vente de tel bien du mineur est forcée, ce qui a lieu dans la licitation demandée contre le mineur et dans l'expropriation contre lui. Au cas de vente forcée, en effet, il n'y a pas lieu à considérer si la vente est utile ou non; et l'autorisation du conseil de famille, qui statue sur cette utilité, devient donc inutile (art. 460).

Un autre cas où la vente des immeubles est forcée, c'est celui d'expropriation poursuivie par un créancier. Dans ce cas aussi le tuteur n'a pas besoin, pour consentir, de l'autorisation du conseil de famille. La loi, néanmoins, ne permet au créancier cette expropriation des immeubles qu'après discussion du mobilier. Cette discussion devient même inutile : 1° quand la dette est commune au mineur et à un majeur copropriétaire de l'immeuble; 2° quand la poursuite d'expropriation a commencé contre un majeur auquel le mineur a succédé (art. 2207).

Nous savons que le tuteur non seulement peut, mais doit encore, dans certains cas, faire vendre les meubles du mineur, et cela sans l'autorisation du conseil de famille. Il peut encore défendre à une action immobilière, mais non l'intenter, et il jouit d'une entière liberté à l'égard des actions mobilières. Sans l'autorisation du conseil de famille, le tuteur peut encore aliéner les meubles incorporels, les rentes sur l'État ou sur les particuliers, les actions dans les compagnies quelconques.

Seulement, l'art. 3 de la loi du 24 mars 1806, exige l'autorisation du conseil de famille pour le transfert des rentes sur l'État dépassant 50 fr.

Deuxième classe. L'autorisation du conseil de famille est indispensable au tuteur : 1° pour prendre à bail les immeubles du mineur (art. 450); 2° pour transférer une inscription de rente sur l'État de plus de 50 francs (loi du 24 mars 1806). Un décret du 25 septembre 1813 étend cette règle aux actions de la Banque, lesquelles sont toutes de 50 fr. Le tuteur a besoin de l'autorisation pour aliéner plusieurs actions ou des fractions dont la réunion dépasserait une action entière; 3° pour accepter ou répudier une succession échue au mineur; cette succession ne peut jamais être acceptée que bénéficiairement. On peut se demander, au premier abord, pourquoi la loi exige l'autorisation du conseil de famille, alors que la succession ne peut jamais être acceptée que sous bénéfice d'inventaire. La raison de la loi est bien simple : d'abord, l'origine de la succession pourrait venir d'une source qui pourrait nuire à la réputation, à l'avenir de l'enfant; puis, il n'est pas vrai de croire qu'il n'y ait jamais rien à perdre dans l'acceptation d'une succession sous bénéfice d'inventaire; tout héritier, même bénéficiaire (article 843), est obligé de faire rapport à la masse de toutes les donations, de tous les legs qu'il tient du défunt, et il pourrait fort bien arriver que la libéralité que l'enfant aurait reçue fût plus considérable que la part qui lui reviendrait comme héritier; dans ce cas, il est évident qu'il y aurait perte matérielle pour l'enfant. Enfin, l'héritier bénéficiaire est responsable de sa gestion, et doit rendre compte aux légataires et aux créanciers, d'une façon très sévère, jusqu'à concurrence de l'actif, de la manière dont il a employé les biens du défunt. Il est dès lors facile de voir qu'une acceptation bénéficiaire, est un acte qui n'est pas dépourvu d'une certaine gravité, et de comprendre les raisons de cette disposition de la loi (art. 461).

4° Pour accepter une donation, à moins que le tuteur ne soit un ascendant, car, à ce titre, il peut accepter sans autorisation (art. 463). La donation aura à l'égard du mineur le même effet qu'à l'égard du majeur.

5° Aucun tuteur ne pourra introduire une action en justice, relative aux droits immobiliers du mineur, ni acquiescer à une demande relative aux mêmes droits, sans l'autorisation du conseil de famille (art. 464). Cet article n'est que la suite du principe qui ne permet l'aliénation des immeubles du mineur, que sur l'autorisation du conseil de famille ; cette disposition est fondée sur ce que la loi ne veut pas que le tuteur, par sa seule autorité, puisse mettre en danger les droits immobiliers de l'enfant, en intentant une action immobilière, ni qu'il puisse les sacrifier en acquiesçant à une demande de cette nature. De là résulte pour le tuteur l'obligation de défendre aux actions immobilières intentées contre le mineur. Néanmoins, dans ce cas, le tuteur ne doit pas soutenir un procès imprudent, et il serait condamné aux dommages s'il n'avait pas demandé l'avis du conseil de famille, sur le point de savoir s'il y avait ou non lieu à acquiescer.

Troisième classe. Les principes admis avant le Code, sur les transactions faites par le tuteur, sans les repousser en principe, les rendaient impraticables en fait ; car elles ne pouvaient valoir qu'autant qu'elles profitaient au pupille, et que celui-ci s'en contentait : *si hoc pupillo expediat.* Ce point de fait, toujours subordonné à la volonté future du mineur, écartait nécessairement un contrat assis sur des bases aussi peu solides. Ainsi, toutes les difficultés dans lesquelles un mineur se trouvait intéressé, devenaient pour ainsi dire inextricables, puisque d'un côté le tuteur n'osait rien faire qui eût l'air d'altérer un droit quelconque, équivoque même ; et que, d'un autre côté, l'adversaire du pupille n'était jamais disposé à traiter avec une personne dont le caractère ne lui offrait aucune garantie. « De là, la ruine de plus d'un mineur ; et de là aussi de nombreuses entraves pour les majeurs (1). » Le Code mit un terme à de si grands inconvénients, en impri-

____

(1) Rapport au Corps législatif.

mant un caractère durable aux transactions pour lesquelles les tuteurs auraient obtenu l'autorisation du conseil de famille.

Nous devons nous occuper maintenant de la *troisième classe* d'actions que peut faire un tuteur, c'est à dire des actions pour lesquelles l'autorisation du conseil de famille doit être accompagnée de certaines formalités.

Ainsi, lorsque le tuteur demande soit à emprunter pour le mineur, soit à vendre ou hypothéquer ses immeubles, l'autorisation du conseil de famille ne doit être accordée que pour un avantage évident ou une nécessité absolue. Cette nécessité doit être établie par un compte du tuteur, constatant que les deniers, effets mobiliers et revenus, sont insuffisants pour les besoins auxquels il doit être satisfait. Le conseil de famille devra indiquer l'immeuble ou les immeubles qui doivent de préférence être vendus ou hypothéqués, ainsi que les conditions qu'il jugera utiles. Mais, dans ce cas, cette autorisation et le compte du tuteur ne seront pas suffisants, si la déclaration n'est homologuée par le Tribunal; alors seulement la délibération sera exécutoire. S'il s'agit d'une vente, elle ne pourra se faire qu'en justice, avec les formalités requises.

Le conseil de famille doit également autoriser le tuteur pour provoquer un partage mobilier ou immobilier; ce partage ne pourra avoir lieu qu'en justice, avec les formes spéciales indiquées par la loi. Le tuteur seulement, sans autorisation, et même sans l'intervention de la justice (pour cinq ans au plus, sauf à renouveler), pourrait faire un partage provisoire ne portant que sur la jouissance. Ce partage provisionnel n'enlève évidemment en rien, à chaque partie, le droit de provoquer ensuite un partage définitif. Si l'on a entendu faire un partage définitif, et que l'on n'ait pas observé les formalités voulues, le partage est annulable seulement sur la demande du mineur. Si l'intention des parties de faire un partage définitif n'est pas évidente, le partage provisionnel sera présumé.

L'art. 466 exige une expertise préalable pour que le partage produise, à l'égard du mineur, l'effet qu'il produirait entre majeurs; puis il détermine le mode à suivre dans l'expertise. Mais ces dispositions ont été abrogées par la loi du 27 juin 1841, dont on a formé le nouvel article 970, Cod. Procéd. Cet article laisse, dans tous les cas, l'expertise facultative pour le Tribunal.

Le conseil de famille autorise enfin le tuteur pour toute transaction; mais cette autorisation ne produit son effet qu'autant qu'elle a eu lieu conformément à l'avis de trois jurisconsultes, désignés par le procureur impérial, et qu'elle est homologuée par le Tribunal (art. 467), le procureur impérial entendu. La transaction est un contrat dans lequel les parties se font des concessions réciproques, pour éviter ou terminer un procès. Elle diffère de l'acquiescement et du compromis. L'acquiescement ne peut avoir lieu, en effet, que pour un procès né ; c'est le consentement donné par le défendeur de satisfaire aux prétentions du demandeur. Le compromis, au contraire, est l'acte par lequel on remet à des tiers le soin de décider. L'acquiescement suppose chez le défendeur la reconnaissance du droit de l'adversaire ; tandis que la transaction suppose le sacrifice de ses droits ; sacrifice mutuel, il est vrai, mais qui revêt néanmoins la transaction d'un caractère plus important. Aussi l'art. 464 permet l'acquiescement, avec la simple autorisation du conseil de famille, pour les droits immobiliers ; et pour les droits mobiliers, sans autorisation. Le compromis est un acte encore bien plus grave, aussi l'article 1004, Cod. Proc., déclare que le tuteur ne peut compromettre en déclarant le compromis impossible, dans les causes sujettes à communication au ministère public.

Il nous reste à voir les actes qui sont complètement interdits au tuteur. les actes de *quatrième classe*. Ces actes sont : 1° le compromis, comme nous venons de le dire, sur tout ce qui intéresse le mineur ; 2° l'achat des biens de ce mineur ; 3° l'acceptation du transport d'une créance ou d'un droit quelconque contre ce même mineur (art. 450). Mais qu'arrivera-t-il dans ce dernier cas, si, malgré la défense, le tuteur acquiert une créance dont le mineur est débiteur ? La cession est nulle ; et M. Zachariæ estime que la nullité est absolue, en sorte que le cédant sera réputé n'avoir rien cédé et demeurera créancier. Néanmoins, il nous semble que la cession ne doit être nulle qu'entre le tuteur et le pupille et dans l'intérêt de ce dernier. En effet, le cédant pouvait parfaitement ignorer la qualité du tuteur, et le tuteur n'a pas de droit pour venir demander contre le cédant la nullité de la cession ; entre eux, la cession doit être valable. Mais seulement lorsque le tuteur voudra se faire payer par son pupille, il n'aura pas de droit pour demander le paiement et sera puni ainsi de sa fraude par la perte de cette créance. Néanmoins, s'il est constant que la créance était réelle et le tuteur de bonne foi, on pourrait lui tenir compte de son déboursé, en le considérant comme un *negotiorum gestorum*.

§ 5. Fin de la gestion. — Responsabilité du tuteur. — Compte de tutelle.

« Tout tuteur est comptable de sa gestion lorsqu'elle finit. » Le compte doit être rendu à diverses personnes, suivant les manières différentes dont finit la tutelle. Ainsi, si la tutelle prend fin par la majorité du pupille, le compte doit lui être rendu à lui-même. Si la tutelle a cessé par l'émancipation, le compte doit être rendu au mineur, assisté de son curateur. Si la tutelle a pris fin par la mort du mineur, le compte sera rendu à ses héritiers ; enfin, au nouveau tuteur, en présence du subrogé-tuteur, si la tutelle continue. Les frais sont avancés par celui qui rend le compte, et doivent rester à sa charge s'il les occasionne par sa faute. Quand la tutelle finit par la mort du tuteur, ce sont ses héritiers qui rendent compte, et s'ils sont présents et capables de gérer, ils doivent continuer la gestion jusqu'à l'entrée d'un nouveau tuteur, en ce qui concerne l'entretien et la conservation. Toutes dépenses suffisamment justifiées, et dont l'objet est utile, sont allouées au tuteur.

La reddition de compte est d'une nécessité absolue ; et la loi est si rigoureuse, que toute transaction, toute convention au sujet de la gestion, est nulle entre le tuteur et l'ex-mineur, s'il ne s'est pas écoulé dix jours depuis la remise, dûment constatée, du compte et des pièces à l'appui (472).

Le reliquat, dû par le tuteur ou ses héritiers, porte intérêt de plein droit à partir du jour de la clôture du compte ; au contraire, les sommes dues par le mineur ne produisent intérêt que du jour de la sommation de payer signifiée postérieurement à cette clôture. La raison de cette disposition exhorbitante du droit commun en faveur du mineur, et par dérogation au principe général de l'art. 1153, se trouve seulement dans l'inexpérience présumée de l'ex-pupille.

« Si le compte donne lieu à des contestations, elles seront poursuivies et jugées comme les autres contestations en matière civile. »

Dans le projet du Code, il se trouvait des dispositions qui établissaient des formes spéciales pour régler les contestations en cette matière ; et l'article que nous venons de citer fut écrit pour rejeter ces dispositions spéciales que l'on voulait introduire.

« Toute action du mineur contre son tuteur, relativement aux faits de la tutelle, se prescrit par dix ans à compter de la majorité. » Dans le temps qui précéda la rédaction du Code, aucune loi ne s'occupait de déterminer la durée de la responsabilité du tuteur, pour les faits de la tutelle; et, en général, l'action du pupille tombait seulement sous le coup de la prescription trentenaire. Le Code apporta à cette matière de graves changements, que M. Berlier exposa devant le Corps législatif en même temps qu'il en donna la raison : « Quelle que doive être désormais la plus longue prescription, il a paru suffisant, dans ce cas particulier, de s'arrêter à celle de dix ans; car si le pupille est très favorable, il est impossible de ne pas prendre en considération aussi la situation du tuteur lui-même.

« La tutelle fut pour lui, tant qu'elle dura, un acte onéreux, une charge de famille dont les embarras ne doivent pas être immodérément prolongés contre lui : en accordant au pupille dix ans après sa majorité pour l'exercice de toutes les actions relatives à la tutelle, on fait assez; et tout excès en cette matière serait un mal réel pour la société tout entière. »

CODE DE PROCÉDURE CIVILE.

DES AJOURNEMENTS.

FORMALITÉS ET REMISE DES EXPLOITS (Art. 61 et suivants).

De nombreuses différences se font remarquer, suivant les temps et les mœurs, dans les modes diversement usités d'appeler un adversaire en justice. Dans le temps du Droit primitif des Romains, la loi des XII Tables permettait au demandeur, lui ordonnait d'assigner lui-même le défendeur en justice. Lorsque le demandeur rencontrait ce dernier, il le sommait, en prononçant les paroles sacramentelles, de se présenter avec lui devant le juge ; et s'il refusait, il pouvait l'y entraîner de force. Il y avait néanmoins quelques exceptions qui ne permettaient pas d'appeler en justice, *in jus vocare*, certaines personnes, soit à cause de leur dignité, comme les préteurs et les proconsuls ; soit à cause du respect qui leur est dû, comme un ascendant ou un patron. Il eut été en effet contre nature de voir conduits, *obtorto collo*, devant le magistrat, le père par son fils, et le patron par son affranchi. Mais ce n'était là qu'une exception ; et pour pouvoir se dispenser de suivre le demandeur devant le magistrat, le défendeur devait prendre un *vindex* qui se chargeait entièrement de sa cause. Plus tard, par suite de l'influence de la civilisation, divers tempéraments furent apportés à ces rigueurs. Ainsi, quoique en droit le demandeur conservât toujours le droit d'appeler le défendeur en justice et de le contraindre au besoin, le magistrat, au cas de refus, faisait ordinairement procéder à une saisie de gages, ou prononçait une peine pécuniaire. Le *vindex* fut remplacé par une sûreté particulière, le *vadimonium*, qui n'était autre chose qu'une caution qui répondait de la comparution du défendeur au temps voulu, devant le tribunal du magistrat. Il devint ensuite d'usage, pour plus de célérité dans la procédure, de faire connaître au défendeur l'objet de la demande, *actionem denuntiare*. Plus tard encore, sous le régime en vigueur à l'époque de Justinien, l'*in jus vocatio*, tendit à prendre de plus en plus un caractère public. Un *executor* remettait un libelle, un acte de citation au défendeur sur l'ordre du juge ; mais la remise de cet écrit n'était pas toujours nécessaire, et, sauf quelques cas particuliers, la *vocatio in jus* pouvait se faire avec ou sans écriture.

En France, l'usage d'appeler le défendeur par l'intermédiaire d'un officier public, paraît remonter assez haut ; seulement, pendant ces temps où l'ignorance était tellement répandue, qu'un très petit nombre de personnes savaient écrire ou même signer, les sergents, comme on les appelait alors, assignaient verbalement le défendeur, et rapport était ensuite fait, par l'officier public au magistrat, de l'assignation ainsi donnée.

Il est facile de comprendre tous les inconvénients d'un pareil mode d'assignation ; aussi, dès une époque assez reculée, fut-il exigé des sergents de savoir lire et écrire. Il est permis de croire que cette prescription ne fut pas sans doute immédiatement exécutée ; mais depuis longtemps néanmoins la règle était que l'exploit devait être remis par écrit, lorsqu'en 1667, une ordonnance enjoignit à tous sergents ne sachant écrire et signer, de se défaire de leurs offices dans les trois mois.

De nos jours, l'ajournement est un acte signifié par un officier public, et dans lequel le demandeur appelle son adversaire devant un tribunal désigné, à un délai et à un jour également indiqués.

Nous n'avons pas à nous occuper ici du point de savoir quel est le tribunal compétent, suivant la nature et l'objet de chaque action. Nous ne devons pas non plus exposer les délais que tout ajournement doit accorder au défendeur ; et, dès lors, pour embrasser les matières que nous avons à traiter, nous examinerons successivement : 1° les formalités matérielles de l'acte d'ajournement.

2° Dans quels lieux et à quelles personnes cet acte doit être remis.

§ 1. — *Des formalités de l'acte d'ajournement.*

Ces formalités sont de la dernière importance, et l'on doit les remplir de la manière la plus exacte.

Les conséquences qu'entraînerait leur inobservation, peuvent être des plus graves ; en effet, ces formalités sont pour la plupart prescrites par la loi à peine de nullité, et cette nullité peut entraîner, dans certains cas, la déchéance des droits d'un demandeur dont l'exploit d'ajournement a été l'objet d'une rédaction vicieuse.

Nous allons énumérer successivement ces formalités et nous allons nous occuper : 1° des formalités prescrites à peine de nullité.

PREMIÈRE FORMALITÉ. « L'exploit d'ajournement contiendra les dates du jour, mois et an. » Il est facile de comprendre la raison de cette formalité, en songeant que l'ajournement a pour effet d'interrompre la prescription (dont l'interruption a été conditionnellement commencée par une citation en justice). Comment constater, en effet, à défaut de date, s'il y a une véritable interruption, si l'ajournement a été signifié dans le délai voulu (dans le mois à dater du jour où la personne citée a dû comparaître)? La prescription et tous les délais de la procédure se comptent par jour, et dès lors l'on voit que l'indication de l'heure devient inutile.

L'ajournement encore fait courir les intérêts, et dès lors aussi, l'indication de la date est nécessaire pour faire savoir à partir de quel jour les intérêts seront dûs.

La date est indispensable aussi pour que l'assigné puisse calculer le jour où il doit comparaître.

Deuxième formalité. Les noms, profession et domicile du demandeur. Cette indication est de l'essence même de l'acte, car on ne peut comprendre une citation, si l'on ne sait quelle est la personne qui assigne. Il est facile de comprendre, du reste, combien augmenterait le nombre des procès, si le défendeur ne pouvait faire au demandeur, qu'il ne connaîtrait pas, des propositions d'arrangement, ou lui signifier des offres.

L'indication des noms, qui est exigée par la loi, nous paraît comprendre également celle des prénoms, comme devant indiquer la personne du demandeur d'une manière tout à fait claire et évidente.

Si l'exploit est signifié par un mandataire, les noms, prénoms du mandataire et du mandant, devront s'y trouver tous les deux contenus; et l'ordre dans lequel ils seront énoncés est indifférent, sans que l'on puisse, dans aucun cas, opposer cette règle : qu'*en France nul ne plaide par procureur, hormis le roi*. Le sens de cette règle est que tout procès doit être suivi aux noms et qualités du demandeur, et non pas au nom de son fondé de pouvoir, qui ne peut paraître qu'en justifiant de sa qualité de mandataire. Le nom du roi, au contraire, ne figure jamais d'une façon expresse dans les procès qui l'intéressent; les poursuites sont dirigées activement et passivement par les délégués désignés par la loi, auquel cas seulement il y a exception à cette exigence de notre art. 64.

Cette exigence fléchit également au cas d'un fonctionnaire public agissant comme demandeur au nom de l'État ou d'une administration. Il suffit que le fonctionnaire soit désigné par sa seule qualité; c'est ici, en effet, le fonctionnaire qui agit, et non tel ou tel individu temporairement investi de cette qualité.

L'indication de la profession sert à faire connaître de plus en plus la personne du demandeur. Il en est de même de l'indication du domicile : et par là la loi n'a pas voulu dire l'indication de la résidence de fait, mais bien celle du lieu où le demandeur a son principal établissement. Dans les villes populeuses, le défaut de mention de la rue et du numéro, ne suffit pas pour constituer un cas de nullité, quoiqu'il soit bon de mettre toujours ces indications.

Quand il ressort des pièces qui accompagnent l'acte d'ajournement (copie du procès-verbal de non-conciliation), que la profession ou même le domicile du demandeur sont parfaitement connus, leur indication dans l'acte même ne paraît pas indispensable.

Troisième formalité. Constitution d'un avoué chez lequel l'élection de domicile est de droit, à moins d'une élection contraire par le même exploit. A la différence des formalités qui précèdent, celle qui nous occupe ne présente pas des caractères aussi essentiels. Elle sort pour ainsi dire de l'essence de l'ajournement ; on peut même dire qu'elle est de convention, en ce sens que c'est le législateur qui a jugé prudente et convenable la médiation forcée de certains agents, et que cette formalité n'a pas été puisée dans la nature même des choses. Arbitraire au fond, la constitution, dans l'ajournement, d'un avoué chargé de postuler pour le demandeur, n'en est pas moins, dans l'état actuel de la législation, absolument nécessaire, et la peine de nullité n'en est pas moins attachée à son omission.

Néanmoins, si par cas fortuit (mort, démission de l'avoué constitué), le demandeur voyait son avoué incapable de remplir son mandat, il serait assez difficile d'admettre la nullité de l'ajournement. Ce point, du reste, sera une question de fait que les tribunaux auront à apprécier. En effet, si la cessation des fonctions de l'avoué remonte à une époque déjà éloignée, et pouvait être facilement connue du demandeur, l'exploit devrait être annulé.

L'avoué chez lequel domicile est élu, aura qualité pour recevoir, dans le cours de l'instance, toutes les sommations, toutes les communications que la loi ne prescrit pas impérativement de signifier à la partie en personne ou à son domicile.

Au cas d'élection de domicile de la part de la partie ailleurs que chez l'avoué, à qui doivent être signifiés les actes de la procédure ? Quoique la loi soit muette sur ce sujet, il ne serait pas vrai de dire que les pièces doivent être signifiées à la partie; car l'avoué ne pourrait pas, dans ce cas, diriger la procédure, et le vœu de la loi ne serait pas rempli.

Comment s'expliquer alors la portée que la loi a voulu donner à cette faculté d'élection séparée de domicile, de la partie et de l'avoué? On ne peut faire là dessus que des conjectures et supposer, par exemple, que, dans ce cas, l'avoué n'aurait pas qualité pour recevoir la signification des demandes reconventionnelles du défendeur; qu'à cause de leur importance, il serait plus utile pour le demandeur de recevoir sans l'intermédiaire de son avoué.

QUATRIÈME FORMALITÉ. Nom, demeure et immatricule de l'huissier. L'huissier doit se légitimer aux yeux du défendeur qui ne le connaît pas; il doit lui déclarer la qualité qui lui donne le droit de remettre un acte de cette nature; c'est ce qu'il fera en déclarant qu'il est inscrit sous tel numéro, patenté tel jour, comme ayant le droit d'exercer dans le ressort de tel tribunal. Ces indications constituent l'immatricule de l'huissier. S'il est audiencier, l'indication seule de cette qualité, qui suppose nécessairement sa demeure et son immatricule dans le lieu où siége le Tribunal ou la Cour désignés, sera suffisante.

CINQUIÈME FORMALITÉ. Noms et demeure du défendeur. La loi n'exige pas l'indication de la profession du défendeur; de même, exiger ici les prénoms, serait asssz sévère vu les difficultés que le demandeur peut avoir à les connaître.

La nullité nous semblerait une peine trop sévère, surtout s'il ne peut s'élever de doute sur la personne assignée.

SIXIÈME FORMALITÉ. Mention de la personne à laquelle la copie de l'exploit est laissée. Tout exploit est rédigé en deux doubles : la copie, et l'original qui reste entre les mains de la partie qui a fait faire la signification.

L'original doit dire : 1° qu'il en a été laissé copie à la personne assignée; 2° à quelle personne l'huissier a remis la copie de l'exploit; les deux indications sont chacune d'une égale nécessité.

En principe, il faut autant de copies qu'il y a de personnes assignées.

Néanmoins, une seule copie suffit pour assigner un tuteur représentant de plusieurs pupilles, et encore pour assigner le tuteur comme tel et en son nom personnel. C'est ainsi, du reste, que se sont prononcés deux arrêts de la Cour de Cassation, du 20 décembre 1816, et du 7 janvier 1818.

Mais combien de copies faudra-t-il laisser au cas de débiteurs solidaires? Sur cette question, diverses opinions se sont formées : les uns ont soutenu qu'il fallait autant de copies que de débiteurs. Ces débiteurs ne peuvent, en effet, être considérés comme mandataires les uns des autres. L'art. 1208, suppose qu'il est des exceptions personnelles à quelques-uns d'entre eux, et défend aux autres de les opposer; si un seul débiteur ne représente pas tous ses codébiteurs, il en résulte que la copie laissée à l'un d'eux seulement ne peut valoir pour les autres. Il en faudra donc une pour chacun. D'un autre côté, l'on prétend que dans une instance, lorsque les diverses exceptions des divers débiteurs ont été jugées, que leur qualité est parfaitement connue, il devient superflu, quand il s'agit d'une signification à faire, de laisser à chacun copie de l'acte qui serait adressé à tous. Nous ne voyons pour nous d'inconvénient à adopter cette dernière opinion, en faisant remarquer néanmoins qu'au début d'une affaire, lorsqu'on entame un procès, il est bon de donner une copie à chaque codébiteur, afin que chacun puisse opposer ses exceptions personnelles et contester, s'il y a lieu, la dette ou la solidarité.

SEPTIÈME FORMALITÉ. Objet de la demande; exposé sommaire des moyens. Cette formalité a pour but d'accélérer la marche de la procédure en faisant connaître au défendeur non seulement *quid petatur*, mais encore les moyens de la demande, *causam petendi* ; de telle sorte qu'il soit déjà fixé en arrivant à l'audience sur la nature du litige.

HUITIÈME FORMALITÉ. Désignation de l'héritage dans les matières réelles ou mixtes. L'art 64 veut qu'en ces matières l'exploit énonce la nature de l'héritage, par exemple : si c'est un bois, un champ labourable, etc..., et désigne la commune et la partie de la commune où est situé l'immeuble, et deux au moins des tenants ou aboutissants; le nom et la situation suffisent s'il s'agit d'une ferme. Le but de la loi est de faire connaître clairement quel est l'immeuble litigieux, et l'on doit considérer son vœu suffisamment rempli lorsqu'à défaut des désignations prescrites, l'immeuble est désigné de façon qu'on ne puisse s'y méprendre.

NEUVIÈME FORMALITÉ. Indication du Tribunal qui doit connaître de la demande. Tant que le Tribunal n'est pas expressément désigné au défendeur, ce dernier est censé ignorer complètement devant quel Tribunal il doit comparaître. Ainsi, il faut désigner le Tribunal d'une façon qui ne prête pas à l'équivoque, comme, par exemple, ces mots : devant le Tribunal compétent.

DIXIÈME FORMALITÉ. Indication du délai pour comparaître. Un exploit, par exemple, qui contiendrait assignation aux délais de la loi, serait-il valable ? Non, car la loi ne veut pas d'une indication aussi vague. Les délais ne sont pas les mêmes pour tous les ajournements, ni devant toutes les juridictions. Cependant, la jurisprudence est pour ainsi dire fixée dans le sens opposé.

ONZIÈME FORMALITÉ. Signature de l'huissier ; indispensable pour imprimer à l'exploit le caractère de l'authenticité, cette signature est nécessaire pour la régularité de l'exploit ; et si l'art. 61 n'en fait pas mention, c'est sans doute parce que sa nécessité ressortait avec évidence de la nature même des choses. L'huissier est obligé de remettre lui-même les copies sous les peines portées par l'art. 45 du décret du 14 juin 1813.

DOUZIÈME FORMALITÉ. Copie du procès-verbal de non-conciliation ou de non-comparution. Cette formalité a pour but de prouver que la conciliation a été tentée dans le cas où elle doit l'être. L'original de l'ajournement doit mentionner que l'huissier a laissé au défendeur copie du procès-verbal de non-conciliation ou de non-comparution.

TREIZIÈME FORMALITÉ. Enregistrement. L'huissier est tenu de faire enregistrer l'original de l'exploit dans les quatre jours de sa date, à peine de nullité (l. du 22 frim. an VII, art. 20). Outre son but fiscal, cette formalité a l'avantage de rendre les antidates difficiles.

Nous allons voir, maintenant, quelles sont les formalités qui ne sont pas exigées à peine de nullité :

1° La mention de la patente doit être exprimée dans tous les cas où un négociant signifie une requête, lorsqu'il s'agit de faits relatifs à son commerce, à son industrie ou à sa profession. Dans tous les cas l'huissier, nous le savons, doit faire mention de sa patente, à peine d'une amende de 50 francs ;

2° Afin de prévenir toute fraude de la part des huissiers, la loi leur ordonne, à peine de 5 fr. d'amende, de faire sur l'exploit mention du coût d'icelui ;

3° La loi veut qu'avec l'exploit, il soit laissé copie des pièces ou de la partie des pièces sur lesquelles la demande est fondée; à défaut de ces copies, celles que le demandeur serait tenu de donner dans le cours de l'instance, ne doivent point entrer en taxe (art. 65).

§ 2. — *Dans quel lieu et à quelles personnes cet acte doit être remis.*

En principe, l'on doit admettre que l'huissier peut remettre l'exploit d'ajournement à la personne, en quelque lieu qu'il la trouve. Certains auteurs, se fondant sur les anciennes Coutumes et sur des principes d'ordre et de convenance publique, prétendent qu'un exploit ne peut être remis pendant les cérémonies religieuses dans le lieu destiné au culte, ou dans le lieu et pendant les séances des autorités constituées. Mais l'on doit tenir pour constant, dit M. Favard de Langlade, qu'un exploit ne serait pas nul par cela seul qu'il aurait été remis à l'assigné dans un des lieux que nous venons de citer plus haut. On ne doit pas, en effet, suppléer aux cas de nullité qui ne sont formellement énoncés, et si la loi avait cru que la remise de tels actes dans les lieux dont nous nous occupons, blessât l'ordre public ou les convenances, elle aurait adopté une disposition qui, dans l'art. 58 du projet, défendait, à peine de nullité, de signifier les exploits dans les circonstances dont nous venons de parler.

L'huissier peut-il signifier l'exploit à la personne trouvée au domicile d'un tiers ? Certes, si l'huissier pénètre malgré la défense et l'opposition du propriétaire, il sera exposé aux peines prononcées contre les auteurs de la violation de domicile ; de même que dans le cas ci-dessus, s'il a causé du scandale, il devra être poursuivi conformément aux lois criminelles ; mais, dans aucun cas, on ne peut admettre que l'assigné pourra arguer l'exploit de nullité.

L'huissier ne peut remettre l'exploit à une personne trouvée hors du domicile et qui se dirait celle à laquelle l'exploit s'adresse, que dans le cas où il est certain de son identité.

Qu'arrivera-t-il au cas où, au domicile voulu, l'huissier aura laissé la copie à une personne qui aura faussement déclaré avoir qualité pour les recevoir? Dans ce cas, malgré que l'opinion contraire ait été soutenue et confirmée par un arrêt de la Cour de Bourges (16 sep. 1811), on doit décider la nullité de l'exploit ; car le défendeur n'aura pu avoir connaissance d'un acte que le mauvais vouloir ou la fraude auront voulu lui soustraire ; et le demandeur seul aura à s'imputer d'avoir choisi un agent aussi crédule ou bien auquel il n'aura pas donné les renseignements suffisants.

En règle générale, nous dirons donc : « que tout exploit doit être fait à personne ou à domicile ; si l'huissier ne trouve au domicile ni la partie ni aucun de ses parents ou serviteurs, il remettra de suite la copie à un voisin qui signera l'original ; si ce voisin ne peut ou ne veut signer, l'huissier remettra la copie au maire ou adjoint de la commune , lequel visera l'original sans frais. L'huissier fera mention du tout, tant sur l'original que sur la copie. »

La signification à un parent ou serviteur hors du domicile, ne nous paraît pas remplir le vœu de la loi ; comme on disait autrefois, la signification doit être faite : *alicui ex familia in domo*. Il serait à craindre que la copie ne parvînt pas sûrement à l'assigné.

On doit considérer dans ce cas-ci, comme serviteurs et comme aptes à recevoir les copies des exploits, toutes personnes salariées travaillant habituellement chez la partie, les commis, les clercs, etc. On doit encore accorder cette qualité aux propriétaires des maisons garnies, pour les copies à remettre aux locataires.

A défaut de parents et de serviteurs, qui reçoivent les copies de préférence à tous autres, les voisins sont requis de les accepter. Mais ceux-ci doivent signer l'original. Cette signature les oblige à remettre la copie à la personne assignée, et au cas où ils ne le feraient pas, ils pourraient être condamnés à des dommages.

Peut-on remettre une copie de ce genre au domestique d'un voisin ? Non, « car on regarde le domestique du voisin comme absolument étranger à l'assigné, parce que son maître étant étranger à la chose et n'ayant lui-même aucun rapport d'intérêt ou d'affection avec la partie, il n'y a aucun motif qui puisse le porter à remettre cette copie à destination. » Puis encore on peut dire, que le domestique ne doit pas être réputé voisin, car il n'habite auprès de la partie que d'une façon précaire et subordonnée au caprice de ses maîtres. Ainsi, du reste, l'a jugé un arrêt de la Cour d'appel de Bruxelles, 19 février 1806. Nous ne saurions néanmoins adopter une pareille solution. La loi, en effet, n'a pas entendu qualifier seulement de voisins ceux qui entretiennent avec la partie des rapports d'égal à égal, des rapports de bon voisinage; l'expression qu'elle emploie comprend tous ceux qui, par la proximité de leur habitation avec celle de la partie, sont plus à même de saisir et de trouver l'occasion de lui remettre ce qu'ils ont reçu pour elle.

Un auteur, M. Dalloz, admet la validité de l'exploit remis au fils ou à la femme du voisin, et déclare nul celui reçu par son domestique. Mais la raison légale de cette différence ne nous paraît pas facile à saisir. A défaut de voisin qui veuille ou sache signer, la copie doit être présentée au maire ou adjoint de la commune, lequel visera l'original sans frais. La loi ne prévoit pas le cas où un parent ou serviteur refuse d'accepter la copie, et dans ce cas on doit penser, qu'avant de s'adresser au maire, il serait peut-être plus conforme à la loi de considérer les parents comme absents et de s'adresser à un voisin. L'huissier pourra s'adresser indifféremment au maire ou à l'adjoint; à leur défaut, il devra s'adresser au premier conseiller municipal (loi du 21 mars 1831, art. 5); et à son défaut aux autres conseillers, suivant l'ordre du tableau. Par analogie de l'art. 69, 5°, on peut décider qu'à défaut des fonctionnaires précités, l'huissier pourra s'adresser au juge de paix ou au procureur impérial, sans qu'il y ait un cas de nullité.

Toutes les formalités prescrites par la loi (art. 68), doivent être exactement observées, et mention de leur exécution doit être portée dans l'acte.

Néanmoins, on admet généralement que la mention du visa du maire n'a pas besoin d'être faite dans l'acte, en se fondant sur ce que la proposition qui contient cette disposition de la loi est une proposition incidente, et que la *mention du tout* ne paraît exigée que pour les faits principaux. Pourtant cette opinion est contestée.

Le domicile du défendeur doit se déterminer d'après les règles du Droit civil, et disons en outre que l'art. 68 ne déroge en rien aux lois commerciales sur les formes à observer pour les protêts. (Avis du Conseil d'Etat, 25 janvier 1807.)

Il nous reste à parler de la remise des exploits, dans certains cas, et qui sont soumis à des formalités spéciales :

Actions relatives au domaine de l'État. S'il s'agit de domaine et de droits domaniaux , l'État doit être assigné en la personne et au domicile du Préfet, dans le département duquel siége le Tribunal compétent en première instance.

D'après la loi du 19 avril 1791, dans les actions qui n'ont pour objet que de simples recouvrements, tels que des arrérages de rentes ou des fermages de biens nationaux , les assignations doivent être remises au préposé de l'administration des domaines.

Actions qui intéressent le Roi. D'après la loi sur la liste civile du 2 mars 1832 : « Les actions concernant la dotation de la couronne seront dirigées par et contre l'administration de cette dotation. Les actions intéressant le domaine privé seront dirigées par et contre l'administration de ce domaine ; les unes et les autres seront d'ailleurs jugées dans les formes ordinaires, sauf la présente dérogation à l'art. 69 du Code de Procédure civile ; » lequel porte : le roi, pour ses domaines, devra être assigné en la personne du procureur du roi de l'arrondissement.

Le trésor royal sera assigné en la personne ou au bureau de l'agent.

Les administrations ou établissements publics, en leurs bureaux, dans le lieu où réside le siége de l'administration ; dans les autres lieux, en la personne et au bureau de leur préposé.

Les communes seront assignées « en la personne ou au domicile de leur maire ; et à Paris, en la personne ou au domicile du Préfet. » « Dans les cas ci-dessus, l'original sera visé de celui à qui la copie de l'exploit sera laissée ; en cas d'absence ou de refus, le visa sera donné soit par le juge de paix, soit par le Procureur du roi près le Tribunal de première instance , auquel en ce cas la copie sera laissée. »

Les sociétés de commerce, tant qu'elles existent, seront assignées en leur maison sociale ; et s'il n'y en pas , en la personne ou au domicile de l'un des associés.

Les unions et directions de créanciers, en la personne ou au domicile de l'un des syndics ou directeurs.

Ceux qui n'ont pas de domicile connu en France, « au lieu de leur résidence actuelle ; si le lieu n'est pas connu, l'exploit sera affiché à la principale porte de l'auditoire du Tribunal où la demande est portée ; une seconde copie sera donnée au Procureur du roi, lequel visera l'original. »

Ceux qui habitent le territoire français hors du continent, et ceux établis à l'étranger, « au domicile du Procureur du roi près le Tribunal où sera portée la demande, lequel visera l'original et enverra la copie, pour les premiers, au Ministre de la marine, et pour les seconds, à celui des affaires étrangères.

L'art. 69, dont nous venons d'exposer le contenu, ne prévoit pas tous les cas; ainsi, pour assigner les militaires ou marins, on doit le faire en général au domicile qu'ils avaient avant leur départ.

Les condamnés, dans un état d'interdiction légale, doivent être assignés en la personne de leur tuteur.

Quant aux bannis, on doit les assimiler aux étrangers.

DROIT CRIMINEL.

De l'organisation et des attributions des Chambres correctionnelles, des Cours impériales et des Tribunaux qui statuent sur l'appel en matière correctionnelles.

Institués pour la répression des délits, les Tribunaux correctionnels se divisent en tribunaux du premier degré et tribunaux du second degré; les tribunaux du premier degré, qui ne statuent qu'en premier ressort, sont les tribunaux correctionnels d'arrondissement, dont nous n'avons pas à nous occuper.

Les tribunaux du second degré statuent sur l'appel en matière correctionnelle. Ce sont les tribunaux des villes où siégent les Cours d'assises et les Chambres correctionnelles des Cours impériales. Nous allons d'abord nous occuper des premiers.

5

1° Des tribunaux des villes où siégent les Cours d'assises.

Par cela seul qu'une condamnation aura été rendue en matière correctionnelle, par cela seul qu'elle aura porté sur un délit, je jugement sera sujet à l'appel. La généralité de la disposition de l'art. 199 (Instr. Crim.), qui dit que « les jugements rendus en matière correctionnelle pourront être attaqués par la voie de l'appel, » est fondée sur des motifs faciles à comprendre. L'honneur des citoyens est, en effet, quelque chose de sacré, et il est juste de leur accorder la garantie de l'appel contre toute décision qui peut y porter atteinte.

La faculté d'appeler appartient non seulement aux parties qui figurent dans le jugement, mais encore au ministère public près le Tribunal ou la Cour d'appel.

On ne doit pas néanmoins exagérer la généralité des termes de notre article, et appliquer, par exemple, le principe qu'il renferme, aux jugements préparatoires ou d'instruction, en ce sens du moins que leur appel puisse être interjeté avant celui du jugement principal. Ces jugements, en effet, ne préjugent rien quant au fond ; et, du reste, il est facile de comprendre quels retards et quels inconvénients entraineraient ces appels. Conforme, du reste, à cette doctrine, la Cour de Cassation a déclaré non avenu, aux termes de l'art. 454 de Procédure, l'appel d'un jugement préparatoire interjeté avant celui du jugement définitif. (Cass., 22 janvier 1825).

Quant aux jugements interlocutoires qui préjugent le fond, il est bien certain qu'ils sont susceptibles d'être attaqués par la voie de l'appel avant le jugement définitif.

De même, tous les jugements qui statuent séparément sur des exceptions et incidents de diverse nature, quoique ne mettant pas fin au procès, sont susceptibles d'appel (car ils sont définitifs par rapport à l'exception ou à l'incident sur lequel ils statuent), avant celui du jugement définitif.

Il n'y a qu'une exception à la faculté de faire appel : c'est celle indiquée au Code de Procédure, art. 192, c'est à dire le cas où le fait, déféré au Tribunal correctionnel, ne constitue qu'une contravention de police. Dans ce cas, en effet, le Tribunal correctionnel ne doit pas laisser de statuer, si le renvoi n'est demandé ni par le ministère public, ni par la partie civile. Le jugement prononcé est alors en dernier ressort.

L'appel serait même interdit encore que le chiffre des dommages obtenus par la partie civile ou demandés par elle, excède la somme de 1,500 francs, limite de la compétence des tribunaux civils en dernier ressort. La loi, en effet, établit une règle et ne distingue nullement.

Voyons maintenant quels étaient les tribunaux où se portaient les appels avant l'état actuel de la législation. En 1791, la connaissance des délits appartenait en premier ressort aux juges de paix, qui statuaient en cette matière au nombre de trois. Et l'appel de leurs jugements se portait au tribunal du district, tribunal civil correspondant à nos tribunaux actuels d'arrondissement.

Plus tard, le Code de l'an IV réduisit les juges de paix à des juges de simple police et institua des tribunaux correctionnels spéciaux. Les jugements rendus par ces tribunaux se portèrent alors devant le tribunal criminel du département.

Enfin, la loi du 28 avril 1810, fit disparaître les tribunaux civils spéciaux et investit de la connaissance des délits, les tribunaux civils d'arrondissement; nous allons nous occuper, en conséquence, du point de savoir davant quels tribunaux sera porté l'appel des jugements rendus en matière correctionnelle par les tribunaux civils.

La loi, à ce sujet, établit plusieurs distinctions :

En matière correctionnelle, au contraire de ce qui a lieu en matière civile, le législateur a établi une certaine hiérarchie entre les tribunaux siégeant au chef-lieu de l'arrondissement de sous-préfecture, et les tribunaux siégeant au chef-lieu des départements.

Ainsi, lorsqu'un jugement en premier ressort a été rendu par un tribunal d'arrondissement de sous-préfecture, l'appel de ce jugement se porte en principe devant le Tribunal du chef-lieu du département. Ce n'est pas à dire que l'appel doive être porté devant le chef-lieu administratif : il résulte, en effet, des art. 40 et 17, de la loi organique du 20 avril 1810, que les appels rendus en police correctionnelle seront portés au tribunal du chef-lieu où siégent habituellement les Cours d'assises; et l'art. 17 décide que les Cours d'assises siégeront habituellement dans le lieu où siégeaient autrefois les Cours criminelles du département. Il peut donc arriver, et cela est arrivé (1) en effet, que dans certains départements, les tribunaux criminels ne s'é'ant pas tenus au chef-lieu administratif actuel, les Cours d'assises, par conséquent, ne siégent pas dans ces chefs-lieux. Et de là il résulte que dans ces départements, les appels des tribunaux d'arrondissement de préfecture, ne sont pas portés devant les tribunaux du chef-lieu administratif.

Cela est vrai pour les départements qui n'ont pas le siége de la Cour impériale, car dans les départements ou siége la Cour impériale, les appels des jugements, rendus en police correctionnelle, seront portés à ladite Cour.

Voyons maintenant dans le cas où un jugement correctionnel aura été rendu par le Tribunal du chef-lieu du département, devant quels tribunaux seront portés les appels.

Les appels des jugements rendus en matière correctionnelle au chef-lieu du département, seront portés au Tribunal du chef-lieu du département le plus voisin.

Ainsi, les appels des jugements correctionnels, rendus par des tribunaux de chef-lieu, seront portés, non pas comme en matière civile devant la Cour impériale, mais devant un tribunal du même degré, le Tribunal du chef-lieu du département voisin, qui doit nécessairement se trouver dans le ressort de la même Cour impériale.

Cette règle pourtant ne régit pas, bien loin de là, la généralité des cas en cette matière ; de nombreuses exceptions, au contraire, réduisent, dans la pratique, ce principe à une application assez restreinte.

Ainsi, si le département où se trouve le Tribunal qui a jugé, possède la Cour impériale, la règle, nous le savons, n'est pas applicable et l'appel sera porté devant la Cour.

En second lieu, si la Cour impériale a son siége plus rapproché du Tribunal du jugement dont il est fait appel, que le Tribunal, chef-lieu le plus voisin, l'appel sera encore porté devant cette Cour, pourvu encore que le département soit situé dans le ressort de ladite cour.

---

(1) La Saône-et-Loire et le Pas-de-Calais, dont les chefs-lieux administratifs sont Macon et Arras, ont pour chefs-lieux judiciaires Châlons et Saint-Omer.

En dehors de ces deux exceptions, la loi déclare que deux tribunaux de chef-lieu ne pourront jamais être juges respectifs de leurs appels. Les motifs de la loi ont été tirés de considérations plausibles; en effet, des rivalités et des mécontentements qu'un contrôle mutuel eût pu faire surgir entre deux tribunaux, eut pu suivre une mauvaise administration de la justice.

Ces trois exceptions ont réduit à un petit nombre les cas dans lesquels les appels des tribunaux de chef-lieu sont portés devant le Tribunal, chef-lieu des départements voisins.

D'après la disposition finale de l'art. 200, il a été formé un tableau des tribunaux de chef-lieu auxquels les appels sont portés. Ce tableau a paru annexé au décret du 18 août 1810. Et de l'inspection du tableau, il résulte qu'un assez petit nombre de tribunaux de chef-lieu sont soumis au principe général de la loi. Tous les autres tribunaux de chef-lieu (à l'exception des huit indiqués au tableau), portent leurs appels devant la Cour impériale de leur ressort.

Sur l'appel en matière correctionnelle, les juges ne peuvent statuer qu'au moins au nombre de cinq.

Des chambres correctionnelles des Cours impériales.

Chaque Cour impériale possède une chambre correctionnelle, qui statue sur les appels des jugements des tribunaux de chef-lieu des départements voisins situés dans son ressort, suivant les dictinctions que nous avons déjà faites.

Elle statue en outre sur les appels des jugements de première instance, en matière correctionnelle, des tribunaux des départements dans lequel est son siége.

Depuis le premier novembre 1828, les chambres des appels de police correctionnelles des Cours impériales, se composent de sept juges y compris le président.

Ces chambres peuvent connaître aussi des affaires civiles tant ordinaires que sommaires; mais elles ne peuvent, dans ce cas, prononcer qu'au nombre de sept juges.

Quoique les affaires urgentes et sommaires, en matière civile, puissent être portées devant les chambres correctionnelles des Cours impériales, il n'en résulte pas que ces chambres soient autorisées à prononcer des peines en statuant sur ces sortes d'affaires, lors même qu'elles reconnaîtraient, en visitant le procès, l'existence d'un délit; car elles ne remplissent à cet égard que les fonctions de juges civils.

Dans les Cours qui se divisent en trois chambres seulement, la chambre des appels de police correctionnelle doit se réunir à la chambre civile pour le jugement des causes qui doivent être portées aux audiences solennelles, de manière que les arrêts soient toujours rendus au moins au nombre de quatorze juges.

Il est des cas où la Cour Impériale statue en premier et dernier ressort sur certains délits. Ainsi, d'après l'art. 479 Instruct. Crim., le procureur général près la Cour impériale fera citer, devant cette Cour, les juges de paix, les membres du tribunal correctionnel ou de première instance, les officiers chargés du ministère public près ces tribunaux, prévenus d'avoir commis, hors de leurs fonctions, un délit emportant peine correctionnelle. La Cour prononcera sans qu'il puisse y avoir appel.

Cet article déroge au droit commun et doit être pris dans son sens littéral. Un membre du Tribunal de commerce, un maire, un adjoint, un commissaire de police, quoique élevés à la qualité de juges, ne pourraient réclamer le bénéfice de l'art. 479.

Mais notre article a reçu une plus grande application, par suite de l'art 10, de la loi du 20 avril 1810, qui a é·endu sa disposition aux grands officiers de la Légion-d'Honneur, aux généraux commandant une division ou un département, aux archevêques, évêques, présidents de consistoires, aux membres de la Cour de Cassation, de la Cour des Comptes, des Cours Royales, et aux préfets.

Le décret du 15 novembre 1811, art. 160, a de nouveau étendu la disposition de la loi : « Nos procureurs généraux pourront réquérir, et nos Cours ordonner, que les membres de l'université ou étudiants, prévenus de crimes ou délits, soient jugés par lesdites Cours, ainsi qu'il est dit pour ceux qui exercent certaines fonctions, conformément à la loi du 20 avril 1810, et à l'art. 479 Instr. Crim.

Néanmoins, la Charte et les principes nouveaux en matière de juridiction des Cours d'assises, abrogent implicitement cet article pour le cas de crime, mais le laissent exister au point de vue des délits.

Toutes les dispositions que nous venons d'énumérer sont limitatives, et on ne peut les appliquer, par induction, à aucun autre cas que ceux qui sont formellement prévus.

Les personnes dont nous venons de parler doivent être traduites devant la Cour (à l'exception des membres de l'université et des étudiants, qui *peuvent* seulement), pour y être jugées sans appel; elles se trouvent de telle sorte privées des degrés ordinaires de juridiction; mais elles conservent toujours la faculté de se pourvoir en Cassation.

Du reste, ce ne sont pas les chambres correctionnelles qui statuent sur ces affaires; aux termes de l'art. 4, du décret du 6 juillet 1810, les causes de police correctionnelle, dans les cas prévus par l'art. 10, de la loi du 20 avril 1810, seront portées à la chambre civile, présidée par le premier président.

QUESTIONS.

1° L'appel sera-t-il recevable si le tribunal correctionnel n'a appliqué, en vertu de l'art. 463 du Code de Procédure, qu'une peine de simple police à raison d'un fait qualifié délit? — Oui.

2° Sera-t-il recevable s'il s'agit d'une simple contravention forestière, réprimée par des peines de simple police, et sur lequel le tribunal a statué en vertu des dispositions des art. 179, Instr. crim., et 171, Cod. forest.? — Non.

Vu par le président de la thèse,

Chauveau-Adolphe.

Cette Thèse sera soutenue, le 9 août 1855, dans une des salles de la Faculté.

Toulouse, imprimerie BAYRET-PRADEL et Cᵉ, rue Peyras, 12.